AF497314

ARTICULI EX ANTIQUIS ORDINIS ANTONIANI
desumpti, quibus (praeterquam Abbati Generali) interdicitur
& singulis ad quos spectare posset ne quem ad habitum dicti Or-
dinis admittant, absque expressa dicti Domini Abbatis licentia. Mens.
Febr. ... millesimi quadringentesimi septuagesimi septimi.

ANNO Incarnationis Dominicae millesimo quadringentesi-mo septuagesimo septimo, Pius quartus Bullâ Pontificiâ de-cimo nono Kalendas Februarij sui Pontificatus septimo Cō-missarios in Capitulo generali Ordinis S. Antonij anni praecedentis lectos, ad reformationem eiusdem ordinis S. Antonij prosequendā confirmauit, cuius reformationis modum certis Statutis postmodum obseruatis concluserunt, in quibus infra scripta continentur.

Cum nullus in tota Religione S. Antonij absque speciali permis-sione, & scientia Domini Abbatis S. Antonij Viennensis possit seu de-beat creare Religiosos in ipso Ordine, declararunt praefati Domini Abbas, & reformatores vt nullus ex Vicarijs ipsius Domini Abbatis vigore suae authoritatis dicti Vicariatus quantumcumque alias dicti Vicariatus constitutio ampla sit, possit valeátque creareReligiosos in ipso Ordine, nisi hoc eidē alias specialiter, & expressè per ipsum Do-minum Abbatem sit concessum, cum ad ipsum Dominum Abbatem solum, & in solidum, vt superius dictum est, potestas creandi Religio-sos pertineat, spectet in tota ipsa Religione, absq; ipsius Domini Ab-batis speciali mandato non habeantur pro Religiosis in ipso Ordine.

Articuli approbati, & decreti in Capitulo generali Ordinis Antoniani,
pro dicti Ordinis Reformatione. Die decima quarta May, Anni
millesimi sexcentesimi decimi sexti.

NOs Antonius Brunel de Gramont, miseratione diuina totius Ordinis Antoniani humilis Abbas generalis, Notum facimus omnibus quorum intererit. Quod anno millesimo sexcentesimo de-cimo sexto die decima quarta Maij hora septima matutina. In Capi-tulo generali Monasterij, & Ordinis nostri S. Antonij Viennensis de Sancto Antonio ad Romanam Ecclesiam nullo medio pertinētis sub regula S. Augustini sessione tertia. Inter agendum deliberandumque de moribus praeceptoribus Conuentui definitoribúsque in praedicto Capitulo generali congregatis, In aula majori domus antiquae Ab-batialis dicti nostri Monasterij, proposuimus à nobis in varijs locis cū multis doctissimis Ecclesiasticis viris, & secularibus & regularibus,

A

aliifque Iuris confultis de prætenfis medijs Ordinem hunc in priftinu
ftatum reftaurandi fundatione nec non côftitutione Ordinis noui di-
ftincti, miniméquè iurifdictioni, auctoritati, & conftitutionibus Prio-
ris obnoxij : omnibus veftigijs per quofdam Religiofos hic commo-
rantes difquifitis, fub obtentu incertæ difpofitionis vltimæ volũtatis,
feu teftamenti Reuerendiffimi in Chrifto patris Antonij Tolofanino
ita pridem defuncti Abbatis multis vltrò, citróque fermonibus habi-
tis : nos reperiffe neminem, qui non cenfuerit rationê huiufmodi huic
Ordini damno majori quam commodo futuram. In quo reftaurando
ex eorundem fententia initium omnino faciendũ eft à conditionibus,
fiue Capitibus editis, compofitífquè Lugduni per Reuerendos Patres
almæ Societatis Iefu, & Capucinos, illicóquè vtrinquè approbatis
prefente, & approbante Reuerendiffimo Domino D. Antiftite Lug-
dunenfi die decima quinta menfis Decembris elapfi, anno Domini millefimo fexcentefimo decimo quinto, & alijs in fuperaddendis fi opus
fuerit. Pofteaquam cohortati fuiffemus ac rogaffemus Reuerendos
Dominos Præceptores, cæterófquè qui adfunt Religiofos vt fe ad id
compararent (re diu multúmque agitata, & ab omnibus diligentiffi-
me difceptata) tandem ftatutum eft, huius Ordinis reformationem
vti poftea inchoandam.

In primis Nouitiatum conftabilitũ in domo Abbatiali continuan-
dum, eiufdémque adminiftrationem curámque committendam duobus Religiofis capacibus, & idoneis rerúmque fpiritualium, ac tem-
poralium gerendarum dexteritate pollentibus : quò deinceps non in-
tromittentur, nifi qui reliquum ætatis tranfigere, & in obferuanda
Regula beati Auguftini, primóque huius Ordinis inftituto perfiftere
firmiter apud fe conftituerint.

Parabitur eidem Nouitiatui librorum fupellex, & alia neceffaria,
quò Nouitij cum ad pietatem Religiofam, tùm ad ceremonias Eccle-
fiafticas, & ad ea quæ legere cantaréque conformiter inftituto debent, erudiantur.

Omnia bona reditúfque Capituli S. Antonij conferentur in maffam
communem, committendam duobus quatuorve procuratoribus fide-
liffimis, communi fuffragio fiue confenfu electis, vt inde victui menfæ
communis, veftimêtis, & id genus nceeffarijs, tum Nouitijs (dempto
primo probationis anno quo proprijs ali debent expenfis) tum alijs
omnibus Religiofis profeffis, qui Sanctæ huius communitatis ftudio
tenebuntur. Quod fi quibufdam nondum erit animus ad eam viuendi
rationem fe transferre eorum portio (vt antea factitatum eft) ipfis
priuatim diftribuetur.

Quia vérò poffet accidere vt nonnulli ex Religiofis iam in eodem

Nouitiatu degentibus velint se ab habentium sua seorsim se societate
sjungere. *Ne eorum consuetudine ab eo, quod arripuerint instituto dimo-
ueantur.* Tum præfati Religiosi poterunt in aliquam ex præceptorijs
aut prioratibus quos in hac Prouincia Delphinatus possidet idem Capitulum, vel in vrbibus Cabilone, & Matiscone in Burgundia, (ipsis
optione data) secedere in qua sumptus ipsis ex redditibus eiusdē Capituli pendentur ad numerum septem, vel octo dumtaxat, iuxta men-
suram, ac proportionem in hoc sacro Cœnobio commorantium: do-
nec quædā alia Ordinis beneficia, & præceptoriæ vacent, vel proprio
illa possidentium motu, ac voluntate augeri numero, & longius la-
tiúsque diffundi queant. Ea conditione tamen, & lege vt obedientiæ,
& iurisdictioni, potestatíque dominorum Abbatū generalium huius
Ordinis (à qua ne queant discedere nec vnquam alium modo vel imposterum superiorem agnoscere) in perpetuum sint obnoxij.

Ad dilatandam autem nec non constabiliendam eamdem commu-
nitatem iuxta obseruationem Regulæ S. Augustini per omnes præceptorias, perque domos eiusdem Ordinis Pontifici maximo supplicabitur humillimè nomine Procuratoris generalis ipsius in Curia Romana, vt dignetur cedere, & renunciare iuri, quod penes se potest
esse easdem conferendi, quemadmodum etiam prædictus Reuerendissimus D D. Abbas pariter abibit ab eo omni, quod ad se spectare
queat: vt cum eas vacare contigerit in commune redigi, illarúmquè
superiores triennes dumtaxat existere valeant.

Quoniam verò eadem communitas turbari per Dominos Abbates,
& imposterum intermitti posset: eiusdē sanctitati quam maxima fieri
poterit animi submissione supplicabitur (sub beneplacito Christia-
nissimi Galliarum Regis) vt post Domini Abbatis nunc existētis obi-
tum dignetur Abbatiam vnire: eiusdémque bona vna cum Capituli
in commune transferre. Quam in rem spopondit idem Dominus Abbas se consensurum quotiescúmque fuerit opus.

Eiusdem Sanctitati pariter supplicabitur nomine totius Ordinis vt
dignetur mandare Prouinciam alicui videndi recentia Statuta, & cō-
stitutiones eiusdem causa addendi, vel detrahendi quod magis pietati
Religiosorum, moribúsque consonum videbitur, nec non eadem ad
prius institutum quoad fieri poterit propius conformandi.

Et quoniam superiora non diutius poterunt stare quin iuniores Religiosi, qui sunt in hoc Monasterio, quiquè deinceps futuri sunt certè
quibus licebit per bonitatem ingenij literarum studijs incumbāt sa-
nitum est (sub beneplacito prænominatæ sanctitatis nec non Chri-
stianissimi Galliarum Regis) vt parsimonia præfati Domini Antonij
Tolosani, nō ita pridem defuncti Abbatis coactæ pecuniæ, è quatuor

partibus, tres infumantur in fundando Seminario Religioforum huius Ordinis in ciuitate Viennenfi, vt ibidem erudiantur in Collegio Reuerendorum Patrũ Societatis Iefu : fub aufpiciis, ac regimine duorum optimorum Religioforum Sacerdotum, quos doctrinæ, pietatis, & aliarum iftiusmodi virtutum fplendor commendet : eligendorum per Dominos Abbates vt ftudentium curam gerant, alant in menfa communi : & tenellos eorumdem animos ad omne pietatis, & virtutis genus informent : déque ftudiis eorum fint admodum folliciti quò tempus vtiliter infumant. Reliqua verò quarta pars collocabitur in reparando folo, quod fuffulcit hoc Auguftiffimum, & primarium huius Ordinis Templum ruinæ proximũ in reficiendo Chori eiufdem Templi fedibus, & præterea in reftaurando refectorio ac dormitorio eiufdem Monafterij : fine qua reparatione fieri non poteft vt eadem communitas ritè obferuetur, & foueatur. Omnia non habita ratione prætenfæ difpofitionis eiufdem Domini demortui Abbatis, nullius ex fe momenti, ac roboris : vt potè cõtrariæ formis à jure præfcriptis, ftatutis, & priuilegijs eiufdẽ Ordinis, ac facultati fibi à generali Capitulo conceffæ anno millefimo fexcentefimo fecundo difponendi ad pias caufas, in Religionem. Quod fi quidpiam acciderit ratione prædictæ reformationis, vbi fit opus authoritate Capituli generalis id totum definitorum arbitrio committitur.

Depromptum ex actis Capituli generalis præfati Ordinis, & Religionis Antonianæ, per me Annibalem Piemont Notarium Regium Delphinalem, eiufdémque Capituli Secretarium fubfignatum.
PIEMONT SECRETAIRE.

Breue Gregorij Papæ decimi quinti, quo Abbati S. Antonij prohibetur ne quem Nouitium in ipfo Ordine admittat nifi reformari profiteatur.

GREGORIVS P.P. XV.

AD futuram rei memoriam. Ex injuncto nobis defuper Apoftolicæ feruitutis Officio, ad ea fedulò intendimus, per quæ regulares fub fuaui jugo Deo famulantes, in regularium, & falutariũ inftitutorum obferuatione, non modo conferuentur, fed ad illa obferuanda modis congruis inducantur. Cum itaque ficut dilectus filius modernus Abbas generalis Ordinis S. Antonij de Sancto Antonio Viennenfis, nobis nuper exponi fecit : ipfe reformationẽ in fuo Ordine, benedicente Domino introducere intẽdat. Nos laudabile ipfius moderni Abbatis propofitum plurimum in Domino commendãtes,

ac quò reformationis introductio huiusmodi (sublatis quibuslibet
obstaculis) fœlicem sortiatur effectum prouidere volentes.De venerabilium Fratrum nostrorum S. R. E. Cardinalium negotijs regularium præpositotum consilio, eidem moderno, & pro tempore existé-
ti, dicti Ordinis Abbati generali in virtute sanctæ obedientiæ , & sub
excommunicationis pœna, Apostolica authoritate, tenore præsentiũ
præcipimus, & mandamus , ne de cætero aliquos in Religione huiufmodi in Nouitios recipiat, seu iam receptos ad professionem admittat, nisi priùs sic recipiendi , seu admittendi in manibus præfati Abbatis se reformationem regulæ eiusdem ordinis , quam (vt præfertur)
idem Abbas generalis introducere intendit, amplexuros, & sub ea victuros iurauerint ita tamen , vt iam professi nullo modo ad iuramen-
tum huiusmodi cogantur. Quodque de cætero in recipiẽdis Nouitiis
supradicti Ordinis constitutio Fel. rec. Sixti V. & decreta Clementis
V I I I. ac Pauli V. Rom. Pont. prædecessorum nostrorũ desuper edita omninò seruentur. Non obstantibus Constitutionibus,& Ordinationibus Apostolicis ,ac quatenus opus sit dicti Ordinis etiam iuramento, confirmatione Apostolica,vel quauis firmitate alia roboratis:
Statutis, & consúetudinibus , cæterísque contrariis quibuscúmque.
Datum Romæ , apud Sanctum Petrum , sub annulo Piscatoris die 2.
Aprilis Pont. nostri anno 1.

S. CARDINALIS S. SVSANNÆ.

*Bulla Gregorij Papæ decimi quinti ad Reformandum Ordinem Antonia-
num. Mens. Aug. anni millesimi sexcentesimi vigesimi secundi.*

HIERONYMVS DE VILLARS, DEI, & Apostoli-
cæ sedis gratia, Archiepiscopus Viennensis, & ad infrascripta
peragenda iudex,& executor à Sanctissimo Domino nostro Papa specialiter deputatus. Vniuersis & singulis D. D. Abbatibus, Prioribus,
Præpositis, Decanis, Archidiaconis, Scholasticis, Cantoribus, Cu-
stodibus, Thesaurariis, Sacristis, tam Cathedralium,etiam Metropo-
litanarum, quàm collegiatarum Canonicis, parochialiúmque Ecclesiarum Rectoribus, seu loca tenentibus, eorundem Plebanis, Vice-
plebanis, Capellanis, Curatis, & non Curatis, cæterísque Presbyte-
ris, Clericis, Tabellionibus, & Notariis publicis quibuscúnque, per
Ciuitatem, & diœcesim Viennensem,& aliàs vbilibet constitutis, &
eorum cuilibet in solidum ac illi , vel illis ad quem, vel ad quos præsentes nostræ litteræ peruenerint, Salutem in Domino, & nostris huiusmodi,imò verius Apostolicis firmiter obedire mandatis. Noueritis
quod nuper Reuerendissimus in Christo Pater Frat.Antonius Brunel

B

de Gramont, Abbas generalis totius Ordinis S. Antonij, de S. Antonio Viennensi. Nobis præsentauit litteras Apostolicas reformationis dicti Ordinis, ac alias literas Apostolicas prælibati sanctissimi Domini nostri Papæ inde secutas, variis signis obsignatas, & sigillis plumbeis munitas, quas nos ea qua decuit reuerentia recepimus huiusmodi tenore.

GREGORIVS Episcopus seruus seruorum Dei venerabili Fratri Archiepiscopo Lugdunensi Salutem, & Apostolicam benedictionem. Superna dispositione, cuius inscrutabili prouidentia, ordinationem suscipiunt vniuersa ad Apostolicæ dignitatis apicem meritis licet imparibus assumpti leuamus in circuitu agri Dominici oculos nostræ mentis, more peruigilis pastoris inspecturi circa Monasteriorum, aliorúmque regularium locorum quorumuis ordinum, præsertim S. Antonij de sancto Antonio Viennensi fœlicem statum & directionem, ac vt regularia eiusdem Ordinis instituta, in nonnullis Prouinciis temporum iniuria, & hominum malitia languentia, & quasi obliuioni tradita ad veteris disciplinæ normam, in pristinā, viridémque obseruantiam opportuna reformatione restitui, ac restituta ab ipsius Ordinis Religiosis strictè & exactè secundùm primæuam regulam obseruari valeant, congruè nostræ prouisionis ministerium adhiberi, ac alias in his pastoralis officij nostri partes interponi mandamus, prout Christianissimorum Regum vota exposcunt, & nos rerum, temporum, & personarum qualitatibus debitè pensatis, conspicimus in Domino salubriter expedire. Sanè Charissimus in Christo filius noster Ludouicus Francorum & Nauarræ Rex Christianissimus, mus, tam suo quàm dilecti filij Antonij Brunel de Gramont, moderni Abbatis generalis dicti Ordinis S. Antonii de sancto Antonio Viennensi in Delphinatu, sub regula S. Augustini Canonicorum regulariū nominibus, nobis nuper exponi fecit. Quod dictus Antonius Abbas pia meditatione perpendens primæuam dicti Ordinis regulam téporū calamitatibus, & hominum malitia ita causantibus, in omnibus dicti Ordinis domibus valde relaxatam esse, & tanti Reipublicæ Christianæ momenti incommodo, obseruantiæque ipsius regule restitutioni, meliori, & salubriori remedio, quam mediante alicuius Congregationis Reformatæ introductione prouideri non posse: negotium huiusmodi cum multis Præceptoribus, ac diuersis eiusdem Ordinis Canonicis, nec non etiam plurimis aliis, consilio, & doctrina præstantibus viris Regni Franciæ, diu, maturéque discussit, & tandem in Monasterio S. Antonij Viennensis, quod totius Ordinis præfati caput esse dignoscitur, & in quo reliquiæ eiusdem S. Antonij asseruantur, nec non in singulis Præceptoriis, domibus, & aliis beneficiis eiusdem Ordinis,

& à dicto Monasterio dependentibus , ac in dicto Regno tantum existentibus cum eorum annexis , & dependentiis , vnam Congregationem, communitatis reformatæ, in qua vera, & germana ipsius S. Augustini regula omnino obseruari debeat,erigi & institui,ac pro fœlici
ipsius Congregationis regimine & gubernio , citioréque illius introductione, dictum Monasterium nec non omnia & singula, præceptorias, officia claustralia,seu loca,Canonicales portiones,Parrochiales,
& sine cura Ecclesias , aliáque beneficia Ecclesiastica quomodolibet
qualificata dicti Ordinis ab eo dependentia,illorúmque titulos collatiuos, ac nomina , & denominationes ex nunc de ijs ad præsens obtinentium consensu, vel cum primùm per eorum cessum, seu decessum,
aut aliàs quouis modo ea vacare contigerit, perpetuò supprimi, & extingui : Ac quod deinceps Præceptoriæ, aliáque Beneficia, & Officia
prædicta per personas à dilectis filiis Capitulo generali dictæ Cõgregationis ad Triennium, vel vlterius si videbitur deputãdas, & ex gremio ipsius Congregationis desumendas regi,& gubernari debeãt,sta-
tui, & ordinari. Et ne vllus de cætero ad professionem per Canonicos
eiusdem Ordinis emitti solitã, qui dictæ Congregationi sese non sub-
miserit, admitti queat, inhiberi , aliáque infrà scripta fieri & ordinari
operæpretium fore iudicatum extitit. Et vt Reformationis huiusmodi introductio citiorem , & laudabilem sortiretur effectum. Nos ipsi
Antonio Abbati in virtute sanctæ obedientiæ , ac sub excommunicationis pœna,ne de cætero aliquos in dictoOrdine Nouitios reciperet,
seu iam receptos ad professionem admitteret, nisi prius recipiendi , &
admittendi in manibus pro tempore existentis Abbatis dicti Monasterij se reformationem, vt præfertur introducendam amplexuros, &
sub ea victuros iurauissent, præcepimus, & mandauimus; QVARE
DICTVS LVDOVICVS REX nominibus prædictis nobis
humiliter supplicari fecit, quatenus in præmissis opportunè prouidere de benignitate Apostolica dignaremur. Nos igitur qui Monasteriorum, & aliorum Regularium locorum quorũlibet prospero , & sa-
lubri statui, ac religiosarum personarum, in eis, sub suaui religionis
iugo, Altissimo famulantium, animarum saluti consulere synceris ex-
optamus affectibus. Quique dudum inter alia voluimus quod peten-
tes beneficia Ecclesiastica aliis vniri, tenerentur exprimere verum an-
nuum valorem secundum communem ęstimationem etiam beneficij,
cui aliud vniri petitur,alioquin vnio non valeret, idémque obseruaretur in quibusuis suppressionibus , & applicationibus de quibuscunq;
fructibus, & bonis Ecclesiasticis, ipsum Antonium Abbatem, à quibusuis excommunicationis, suspensionis , & Interdicti ,aliísque Ecclesiasticis sententiis, censuris, & pœnis à iure, vel ab homine quauis

B i,

occasione vel causa latis, si quibus quomodolibet innodatus existit
ad effectum præsentium duntaxat consequendum harum serie absol-
uentes, & absolutum fore censentes huiusmodi supplicationibus inclinati fraternitati tuæ per Apostolica scripta mandamus, quatenus
vocatis qui fuerint euocandi in dicto Monasterio, ad quod, dum pro
tempore vacat electio personæ idoneæ in illius Abbatem præficiendæ
ad dilectos filios Conuentum dicti Monasterij spectat, & pertinet dictam Congregationem Communitatis reformatæ S. Antonij nuncupandam, in qua dicta S. Augustini Regula penitus adimpleri, custodiri, & obseruari, quæque per pro tempore existentem Abbatem dicti
Monasterij perpetuum & futurum Superiorem generalem totius Ordinis & Congregationis huiusmodi ad illius vitam, & per personas ab
eo deputandas, nec non iuxta statuta, & stabilimenta ab eo condenda,
& per huiusmodi Capitulum generale dictæ Congregationis, seu personas ab eo, vt præfertur, deputandas examinanda, & approbanda,
regi, & gubernari debeat, *cuiusque Abbas, & Superior Generalis dictus*
Antonius Abbas quoad vixerit existat, auctoritate nostra perpetuò erigas, &
instituas, illáque sic erecta, & instituta, titulum collatiuum dicti Monaste-
rij, ita vt illud deinceps in titulum beneficij Ecclesiastici conferri, seu com-
mendari non possit, necnon omnes Praeceptorias, cum omnibus earum domibus
membris annexis, & dependentijs, necnon omnia Officia claustralia loca, Ca-
nonicales portiones, Parochiales & sine cura Ecclesias, Capellas, Rectorias,
aliáque Beneficia Ecclesiastica quomodolibet qualificata & nuncupata dicti
Ordinis in praedicto Regno duntaxat consistentia, ex nunc de ea obtinentium
consensu, vel cum primùm illa per ipsorum obtinentium cessum, vel decessum,
seu quamuis aliam dimißionem, vel amißionem etiam apud sedem Apostoli-
cam, seu in aliquo ex mensibus, in quibus beneficiorum Ecclesiasticorum dis-
positio nobis, & sedi praedictæ per Constitutiones Apostolicas, aut Cancella-
riæ Apostolicæ Regulas editas, & edendas, seu alias quomodolibet reseruata
est, vel pro tempore fuerit, aut locorum Ordinarijs, seu alijs Collatoribus per
easdem, vel alias Constitutiones Apostolicas seu dicta Cancellaria Regulas
similiter editas, & edendas seu litteras alternatiuarum, aut quauis Priuile-
gia, & Indulta hactenus concessa, competit, seu pro tempore competierit, va-
care contigerit, etiamsi actu nunc forsan quouismodo quem etsi ex illo quauis
generalis reseruatio, etiam in corpore iuris clausa resultet, praesentibus habe-
ri volumus pro expresso, & ex quorumcunque personis vacent, etiamsi tanto
tempore vacauerint, quod eorum collatio, iuxta Lateranensis statuta Conci-
lij, ad sedem praedictam legitimè deuoluta, ac Praeceptoria, Officia, Loca, Ca-
nonicales portiones, Parochiales, & sine cura Ecclesia, Capella Rectoria,
aliaque beneficia praedicta dispositioni Apostolicæ, specialiter, vel generaliter
reseruata existant, & super eis inter aliquos lis, cuius statum etiam praesenti-
bus

bus haberi volumus pro expresso, pendeat indecisa, illorúmque nomina, titu-
los, & denominationes, auctoritate nostra prædicta etiam perpetuò supprimas
& extinguas, ita tamen vt suppreßio, & extinctio huiusmodi tunc locũ ha-
beant, si, & postquam reformatio prædicta suum sortiatur, vel sortita fuerit
plenum effectum, & non alias. Necnon Præceptoriarum, Officiorum,
Locorum, Canonicalium portionum, Parrochialiũ, & sine cura Ecclesiarum, Capellarum, Rectoriarum, & beneficiorum sic suppressorum & extinctorum huiusmodi, dictíque Monasterij, & ei annexorum bona, proprietates, census, fructus, redditus prouentus, iura, obuentiones, & emolumenta quæcunque ex nunc prout extunc, & è
contra ipsi Congregationi : ita quod liceat dicti Monasterij Abbati
Superiore Generali pro tempore existenti, & Capitulo Congregationis huiusmodi corporalem, realem, & actualem illorum omnium possessionem per se, vel alium, seu alios eorum nomine propria auctoritate apprehendere, & apprehensam perpetuò retinere, fructus quoque redditus, prouentus, iura, obuentiones, & emolumẽta huiusmodi percipere, exigere, leuare, recuperare, locaréque & arrendare, ac
supportatis hospitalitatis, & alijs oneribus debitis, & consuetis, in
suos communes vsus & necessitates conuertere, Diocesani loci, vel
cuiuscunque alterius licentia desuper minimè requisita dicta auctoritate nostra similiter perpetuò applices, & appropries : Ac dicti Monasterij pro tempore existenti Abbati Superiori Generali, vt pro fœlici & prospera dictæ Congregationis, illiúsque bonorum, rerum &
personarum directione, ac onerum supportatione, necnon cæteris rebus in præmissis, & circa ea quomodolibet necessarijs, quæcunque
statuta, ordinationes & decreta (licita tamẽ & honesta, ac sacris Canonibus & Concilij Tridentini decretis, dictæque Regulæ S. Augustini minimè contraria, & à dictis Capitulo generali examinãda, necnon à sede prædicta approbanda) edere, & condere, ac edita & condita pro rerum & temporum varietate, & qualitate, ac quoties opportunum videbitur, (præuia tamen examinatione & approbatione huiusmodi) immutare, limitare, corrigere, & interpretari, ac in meliorem formam redigere, seu alia ex integro facere liberè & licitè valeat:
Quæ postquam sic condita & edita, necnon à dictis Capitulo generali quolibet triennio celebrando, seu personis ab eo, vt præfertur
deputandis huiusmodi examinata, & vt præfertur. approbata fuerint
per eos, ad quos pro tempore spectabit, sub pœnis in contrauenientes
appositis, inuiolabiliter obseruari debeant. Necnon eidem Abbati
Superiori Generali pro tempore existenti, vt ex nunc, & quandocunque ei bene visum fuerit, aliquas pro Seminarijs, in quibus Religiosi

C

profeſſi dicti Ordinis literarum ſtudijs (iuxta præſcripta à prædicto Abbate Superiore Generali pro tempore exiſtente emanãda) vacare debeant. Necnon alias prædicti Ordinis Præceptorias pro recipiendis, & inſtruendis Nouicijs dictũ Ordinem profiteri, & Congregationi huiuſmodi ſéſe ſubmittere cupientibus, & communitatibus Religioſorum profeſſorum alendis, (dũmodò in ipſa deſignatione, & deſtinatione Præceptoriarũ, ad recipiendos , & inſtruendos Nouicios, ſeu Nouiciatuũ inſtitutione fœlicis R ecordationis Sixti Papę quinti, & piæ memoriæ Clementis Papæ octaui prædeceſſorum noſtrorum, & aliarum conſtitutionum , ac decretorum Apoſtolicorum , Inſtitutiónúmque generalium ſuper receptione, & educatione Nouitiorum Apoſtolica auctoritate editarũ forma omnino obſeruetur,) deſignare & deſtinare poſſit. Ipſéque, & ſinguli Religioſi dictæ Congregationis, omnibus, & ſingulijs Priuilegis, Libertatibus, Immunitatibus , Exéptionibus, Indultis, Indulgentijs, Gratijs, & Fauoribus tam Spiritualibus, quàm temporalibus, quibus Abbas, & Canonici, Pręceptorias, & Beneficia quæcũnque obtinentes dicti Ordinis, necnon aliarũ Cõgregationum, tam mendicantium, quàm non mendicantium Regulares de iure, vſu, priuilegio, vel conſuetudine , aut aliàs quomodolibet vtuntur, fruuntur, potiuntur, & gaudent ſimiliter, & pariformiter, ac ſine vlla prorſus differentia, & æquè principaliter, dummodo tamen eiuſdem Concilij Tridentini decretis, ac Conſtitutionibus Apoſtolicis necnon dictæ Congregationis regularibus Inſtitutis minimè aduerſentur, nec hactenus fuerint reuocata, aut ſub aliqua reuocatione comprehenſa, vti frui, potiri, & gaudere poſſint & valeant: Vtque Antonius Modernus, & pro tempore exiſtens Abbas Superior generalis prædictus, Præceptoriarum, Eccleſiarum , Locorum, Canonicalium portionum, Capellaniarum, & Beneficiorũ, vt præfertur, ſuppreſſorũ fructus, & bona alijs Præceptorijs pro Nouitijs recipiendis, Seminarijs, & Communitatibus profeſſorum alendis, pro tempore deſtinandis arbitrio ſuo toties, quoties opus fuerit ſeu illorum partem, prout ſuaſerit neceſſitas , aut vtilitas ad tempus, vel perpetuò (de conſilio tamẽ prædicti Capituli generalis) appropriare queat, auctoritate noſtra prædicta concedas, & indulgeas. Et ne de cætero pro tempore exiſtente Abbate Superiore Generali huiuſmodi cedente vel decedente, aut à dictæ Congregationis inſtitutis recedente : vllus, niſi ex gremio prædictæ Congregationis, in Abbatem dicti Monaſterij, Superiorem Generalem Ordinis, & Congregationis huiuſmodi ab alijs, eiuſdem Congregationis Canonicis duntaxat, omnibus alijs tunc exiſtẽtibus Ordinis prædicti Canonicis, qui ipſi Congregationi ſe ſe non ſubmi-

serint, quoad vocem paßiuam penitus exclusis, in Capitulo expreßè
conuocaro, vel Generali proximè futuro eligi queat: Nec etiam Præceptorias, Parrochiales, & sine cura Ecclesias, ac Capellanias, & Beneficia prædicta ad præsens obtinentes, in Nostris, & Romani Pontificis pro tempore existentis aut locorum Ordinariorum, vel cuiusuis
alterius manibus illa in alicuius fauorem, etiam causa permutationis,
vel aliàs quomodolibet resignare poßint, districtius dicta auctoritate
nostra inhibeas: Necnon omnes collationes, prouisiones, & quasuis
alias dispositiones in contrarium, etiam à Sede prædicta pro tempore
faciendas, nullius roboris & momenti, ac effectus fore, sed eo ipso, (si
tamen & postquam reformatio prædicta suum plenum effectum sortita fuerit,) suppreßionem & extinctionem, ac applicationem, & appropriationem prædictas suum plenarium sortiri effectum debere eadem auctoritate nostra decernas. Postremò, quod deinceps perpetuis
futuris temporibus omnia, & singula, Præceptoriæ, Parrochiales, &
aliæ Ecclesiæ, Loca, Canonicales portiones, Officia Claustralia, & alia
Beneficia Ecclesiastica quomodolibet qualificata (per te earundem
præsentiũ vigore, vt præfertur, supprimẽda) per personas capaces &
idoneas, ac ex gremio prædictæ Congregationis dũtaxat in illius Capitulo generali eligendas ad triennium, vel vlterius, vt præfertur, si
videbitur, in spiritualibus, & temporalibus regi, gubernari & administrari, eisque in diuinis deseruiri debeãt. Et prædicti Ordinis Religiosi,
qui Reformationem huiusmodi amplecti noluerunt, necnon omnia
& singula Præceptoriæ Ecclesiæ, Loca, Oratoria, Capellaniæ, Capellæ, Altaria, Confraternitates, & Societates sub inuocatione S. Antonij erecta, & in posterum erigenda sub obedientia, iurisdictione, &
omnimoda Superioritate pro tempore existentis Abbatis Superioris
Generalis Monasterij, ordinis, & Cõgregationis prædictorum, in omnibus, & per omnia perinde ac si Reformatio, & Congregatio huiusmodi introductæ non fuißent, suppreßióque & applicatio prædictæ
non emanaßent, remaneant, & remãsiße censeantur, auctoritate nostra prædicta itidem perpetuò statuas & crdines. Ac easdẽ præsentes
etiam ex eo quod in præmißis intereße habentes ad illa vocati, causæ-
que propter quas illa fiant examinatæ, seu verificatæ non fuerint, aut
ex quocunque alio capite, & causa quantumuis iusta, legitima, & iu-
ridica de subreptionis, vel obreptionis, seu nullitatis vitio, aut inten-
tionis nostræ, vel quopiam alio defectu notari, impugnari, retractari,
vel inualidari, seu in ius vel controuersiam reuocari, vel ad viam aut
terminos iuris reduci, vel aduersus eas quodcunque iuris gratiæ, vel
facti remedium impetrari, seu concedi nullatenus vnquam poße, eas-

C ij

que sub quibusuis similium, vel dissimilium gratiarũ reuocationibus,
suspensionibus, limitationibus, derogationibus, aut alijs contrarijs
dispositionibus, etiam per Nos, & successores Nostros Romanos Põ-
tifices, Sedémque prædictam sub quibuscunque verborum expressionibus, & formis, ac cum quibusuis clausulis & decretis in contrarium
quomodolibet factis minimè comprehẽdi, nec confundi, sed semper
ab illis exceptas, & quoties illę remanabunt, toties in pristinum & validissimum statum restitutas, repositas, & plenariè reintegratas, ac de
nouo etiam sub quacunque posteriori, data per dictam Congregationem quandocunque eligenda concessas esse, & fore, suósque plena-
rios, & integros effectus sortiri & obtinere, ac ab omnibus ad quos
nunc spectat, & pro tempore spectabit, firmiter & inuiolabiliter, ac
inconcussè obseruari, & adimpleri, Sícque per quoscunque Iudices
ordinarios, & delegatos quacunque auctoritate fungentes etiam causarum palatij Apostolici Auditores, ac S. Romanæ Ecclesiæ Cardinales, etiam de Latere Legatos, & Vicelegatos, dictǽque Sedis Nuncios
iudicari, & definiri debere, ac quicquid secus super his à quoquã, quauis auctoritate scienter vel ignoranter contigerit attentari, irritum, &
inane auctoritate nostra decernas, Non obstantibus priori voluntate
nostra prædicta, & recolendæ memoriæ Bonifacij Papæ etiam Octaui
similiter prædecessoris nostri, ac Lateranensis Concilij nouissimè ce-
lebrati, vniones perpetuas, (nisi in casibus à iure permissis) fieri prohi-
bẽtis, aliísque Apostolicis etiam in Synodalibus, & Prouincialibus,
ac vniuersalibus Conciliis editis specialibus, vel generalibus Constitutionibus & Ordinationibus, ac Monasterij, & Ordinis prædictorũ
etiam iuramento, confirmatione Apostolica, vel quauis firmitate alia
roboratis Statutis, & consuetũdinibus, priuilegiis quoque indultis, &
litteris Apostolicis illis ac pro tempore existenti Abbati, & Conuentui Monasterij huiusmodi, & eiusdem Ordinis Canonicis, aliísque Su-
perioribus & personis sub quibuscunque tenoribus & formis, ac cum
quibusuis etiam derogatoriarum derogatoriis, aliísque efficacioribus
efficacissimis & insolitis clausulis, irritantibúsque & alijs decretis in
genere, vel in specie etiam motu proprio & consistorialiter, & alias in
contrarium forsan quomodolibet concessis, approbatis & innouatis:
Quibus omnibus etiamsi de illis, eorúmque totis tenoribus, specialis,
specifica, expressa, & indiuidua, ac de verbo ad verbum, non autem
per clausulas generales idem importantes, mentio, seu quæuis alia ex-
pressio habenda, aut aliqua alia exquisita forma ad hoc seruãda foret,
illis alias in suo robore permansuris (hac vice duntaxat,) harum serie
specialiter & expressè derogamus & contrarijs quibuscunque. Aut si

aliqui

aliqui super prouisionibus seu Commendis sibi faciendis de Præceptoriis Officiis & locis, ac Canonicalibus portionibus, ac prædictis
dicti Ordinis speciales, vel aliis beneficiis Ecclesiasticis in illis partibus Generales dictæ Sedis, aut legatorum eius litteras impetrarint,
etiamsi per eas ad inhibitionem, reseruationem & decretum, vel aliàs
quomodolibet sit processum, quas quidem litteras & processus habi-
tas per easdem, & inde secuta quæcunque, ad Præceptorias, Officia,
Loca, Canonicales portiones, Parochiales, & sine cura Ecclesias, Capellas, & Beneficia per te vigore præsentium, vt præfertur supprimē-
da, volumus non extendi, sed nullum per hoc eis quoad assecutionē
Præceptoriarum, Officiorum, Locorum, & Canonicalium portionū,
vel Beneficiorum aliorum, præiudicium generari. Et quibuslibet aliis
indulgentiis, priuilegiis, & litteris Apostolicis, specialibus vel generalibus quorumcunque tenorum existant, per quæ præsentibus non
expressa, vel totaliter non inserta, effectus earū impediri valeat quomodolibet vel differri. Et de quibus, quorúmque totis tenoribus habenda sit in nostris litteris mentio specialis. Volumus autem vt Religiosi eiusdem Ordinis, qui se reformationi prædictæ submittere noluerint, votum actiuum tantum in dicto generali Capitulo habeāt ad
effectum eligendi vnum ex Reformatis dūtaxat. Datum Romæ apud
sanctam Mariam Maiorem, Anno Incarnationis Dominicæ, millesimo sexcentesimo vigesimo secundo, quintodecimo Kalendas Augusti, Pontificatus nostri, anno secundo.

Altera Bulla Vrbani Papæ octaui, Indicta Reformationis Gratiam, Mens.
Iun. Anni millesimi sexcentesimi vigesimi quarti.

VRBANVS Episcopus, seruus seruorum Dei, Venerabili Fr.
Archiepiscopo Viennensi, salutem & Apostolicam benedictionem. Circumspecta Sedis Apostolicæ prouidentia, ne litteræ ab ea,
præsertim ad quorumlibet Monasteriorum, aliorúmque Regularium
locorum reformationem, emanatæ valeant quomodolibet impugnari, sed sublatis quibuslibet impedimentis, suum effectum sortiantur,
remedia prout conuenit, adhibet opportuna. Dudum siquidem fœlicis recordationis Gregorio Papæ XV. prædecessori nostro, pro parte
dilecti filij Antonij Brunel de Gramont moderni Abbatis Generalis
Ordinis S. Antonij de sancto Antonio Viennensi in Delphinatu, sub
regula S. Augustini Canonicorum Regularium exposito. Quod dictus Antonius Abbas pia meditatione perpendens, primariam dicti
Ordinis Regulam, temporum calamitatibus, & hominum malitia ita

D

cauſantibus, in omnibus dicti Ordinis domibus valdè relaxatam eſſe, ac tanti Reipublicæ Chriſtianæ momenti incommodo, obſeruantiæ que ipſius Regulæ reſtitutioni : meliori , & ſalubriori remedio, quàm mediante alicuius Congregationis reformatæ introductione , proui deri non poſſe. Negotiũ huiuſmodi cum multis Præceptoribus, ac di uerſis eiuſdem Ordinis Canonicis, necnon etiam plurimis aliis, conſi lio, & doctrina præſtantibus viris diu, maturéque diſcuſſiſſet, & tandẽ in Monaſterio S. Antonij Viennenſis, (quod totius Ordinis prædicti caput eſſe dignoſcitur, & in quo reliquiæ eiuſdem S. Antonij aſuan tur,)necnon in ſingulis Præceptoriis, domibus, & aliis beneficiis eiuſ dem Ordinis, & à dicto Monaſterio dependentibus, ac in Regno Frã ciæ tantum exiſtentibus, cum eorum annexis, & dependentiis, vnam Congregationem Communitatis Reformatæ, in qua vera, & germa na S. Auguſtini Regula omnino obſeruari deberet, erigi, & inſtitui, ac pro fœlici ipſius Congregationis regimine, & gubernio, citiorí que illius introductione dictum Monaſterium, necnon omnia, & ſin gula Præceptorias, Officia clauſtralia, ſeu Loca, Canonicales portio nes, parrochiales & ſine cura Eccleſias , aliaque Beneficia Eccleſiaſti ca quomodolibet qualificata dicti Ordinis & ab eo dependentia, illo rúmque titulos collatiuos ac nomina, & denominationes, ex tunc de illa etiam tunc obtinentium conſenſu, vel cum primùm per eorũ ceſ ſum, ſeu deceſſum, aut aliàs quoquo modo eadem vacare contingeret perpetuò ſupprimi, & extingui, ac quod deinceps, Præceptoriæ, alia que Beneficia, ac Officia prædicta per perſonas à dilectis filiis Capitu lo generali dictæ Congregationis ad triennium, vel vlterius ſi videre tur deputandas, & ex gremio ipſius Congregationis deſumẽdas, regi, & gubernari deberent, ſtatui & ordinari: operæ pretium fore iudicatũ eſſet, & vt reformationis huiuſmodi introductio celeriorem & laudã bilem ſortiretur effectum idem Gregorius prædeceſſor ipſi Antonio Abbati per ſuas litteras in virtute ſanctæ Obedientiæ, ac ſub excom municationis pœna, ne de cætero aliquos in dicto Ordine Nouicios reciperet, ſeu iam receptos ad profeſſionem admitteret, niſi prius reci piendi, & admittendi in manibus pro tempore exiſtentis Abbatis di cti Monaſterij, ſe reformationem, vt præfertur, introducendam am plexuros, & ſub ea victuros iurauiſſent, præcepit & mandauit. Nec nõ tam Chariſſimi in Chriſto filij noſtri Ludouici Frãcorum Regis Chri ſtianiſſimi, quam dicti Antonij Abbatis ſupplicationibus ſibi deſuper tunc porrectis inclinatus venerabili Fratri Noſtro, tunc ſuo Archie piſcopo Lugdunenſi, per Apoſtolica ſcripta mandauit, quatenus vo catis qui forent vocandi in dicto Monaſterio, ad quod (dum pro tem-

...re vacat)electio personæ idoneæ in illius Abbatem præficiendæ, ad
dilectos filios Conuentum dicti Monasterij spectat, & pertinet, vnam
Congregationem Communitatis Reformatæ sancti Antonij nuncupandam, in quà dicti sancti Augustini Regula penitus adimpleri, custodiri & obseruari, quæque per pro tempore existentem Abbatem
dicti Monasterij, tunc & pro tempore existentem Generalem totius
Ordinis, & Congregationis huiusmodi ad illius vitam, & per personas ab eo deputandas, necnon iuxta Statuta, & Stabilimenta ab eo
condenda, & per Capitulum generale dictæ Congregationis, seu
personas ab eo, vt præfertur, deputandas, examinanda, & approbanda, regi, & gubernari deberet, cuiusque Abbas Generalis, & dictus
Antonius Abbas quoad viueret, Apostolica auctoritate perpetuò eri-
geret, & institueret, illaque sic erecta, & instituta, & titulum collatiuum dicti Monasterij, ita vt illud ex tunc deinceps in titulum Beneficij Ecclesiastici conferri, seu commendari non posset, necnon
omnes Præceptorias, cum omnibus earum domibus, membris annexis, & dependentiis, necnon omnia, & supradicta Officia, Claustralia, Loca, Canonicales portiones Parrochiales, & sine cura Ecclesias,
Capellas, Rectorias, aliaque Beneficia Ecclesiastica quomodolibet
qualificata & nuncupata dicti Ordinis (in prædicto Regno duntaxat existentia) ex tunc de illa obtinentium consensu, vel cum primùm illa per eadem obtinentium cessum, vel decessum, seu quamuis aliam dimissionem vel amissionem, etiam apud Sedem Apostolicam, seu in aliquo ex mensibus, in quibus Beneficiorum Ecclesiasticorum dispositio Romano Pontifici pro tempore existenti, & Sedi
prædictæ per Constitutiones Apostolicas, aut Cancellariæ Apostolicæ Regulas editas, & edendas, seu alias quomodolibet reseruata
esset, vel pro tempore foret, aut locorum Ordinarijs, seu alijs Collatoribus per easdem, vel alias Constitutiones Apostolicas, seu dictæ
Cancellariæ Regulas, similiter editas, & edendas, seu litteras Alternatiuarum, aut quæuis Priuilegia, & Indulta eatenus concessa, &
concedenda competentibus, vacare contingeret, etiamsi actu tunc
forsan quouis modo, quem etsi ex illo quæuis generalis reseruatio
etiam in corpore Iuris clausa resultaret, Idem prædecessor haberi
voluit pro expresso, & ex quorumcunque personis vacarent, etiamsi
tanto tempore vacauissent, quod eorum collatio, iuxta Lateranensis
Statuta Concilij ad Sedem prædictam legitimè deuoluta, ac Præceptoriæ, Officia, Loca, Canonicales portiones, Parrochiales, & sine
cura Ecclesiæ, Capellæ, Rectoriæ, aliaque Beneficia prædicta dispositioni Apostolicæ specialiter, vel generaliter reseruata existerent,

illorúmque nomina, titulos & denominationes auctoritate prædicta etiam perpetuò supprimeret, & extingueret, illorúmque omnium sic suppressorum, & extinctorum huiusmodi, dictíque Monasterij, & ei annexorum Bona, Proprietates, Census, Fructus, Redditus, Prouentus, Iura, Obuentiones, & Emolumenta quæcunque ex tunc, & è contra ipsi Congregationi, ita quod liceret dicti Monasterij Abbati Generali, & Capitulo Congregationis huiusmodi pro tempore etiam existentibus, corporalem, realem & actualem illorum omnium possessionem per se, vel alium, seu alios eorum nomine propria auctoritate apprehendere, & apprehensam perpetuò retinere, fructus quoque, redditus, prouentus, iura, obuentiones, & emolumenta huiusmodi percipere, exigere, leuare, recuperare, locaréque, & arrendare, ac supportatis hospitalitatis, & alijs oneribus debitis & consuetis, in suos communes vsus, & necessitates conuertere, Diœcesani loci, vel cuiuscunque alterius licentia desuper minimè requisita. Itidem dicta auctoritate similiter perpetuò applicaret, & appropriaret, ac dicti Monasterij Abbati generali, vt pro fœlici, & prospera dictæ Congregationis, illiúsque bonorum, rerum, & personarum directione, ac onerum supportatione, necnon cæteris rebus in præmissis, & circa ea quomodolibet necessarijs, quæcunque Statuta, Ordinationes, & Decreta, (licita tamen & honesta, ac sacris Canonibus, & Concilij Tridentini decretis, Regulæque sancti Augustini minimè contraria, & à Capitulo generali examinanda, necnon à Sede Apostolica approbanda) edere, & condere, ac edita, & condita pro rerum & temporum varietate & qualitate, ac quoties opportunum videretur (præuia examinatione, & approbatione huiusmodi,) immutare, limitare, corrigere, & interpretari, ac in formam meliorem redigere, seu alia ex integro facere liberè & licitè valeret, concederet, ac postquam sic condita, & edita, necnon à Capitulo generali quolibet triennio celebrando, seu personis ab eo, vt præfertur, deputandis huiusmodi examinata, & vt præfertur, approbata forent : per eos ad quos spectaret pro tempore sub pœnis in contrauenientes appositis, inuiolabiliter obseruari deberent. Necnon eidem Abbati generali pro tempore existenti, ex tunc, & quandocunque ei bene visum foret aliquas pro Seminarijs, in quibus Religiosi professi dicti Ordinis, litterarum studijs (iuxta præscripta ab Abbate Generali Monasterij, & Ordinis, ac Congregationis huiusmodi emananda) vacare deberent. Necnon alias prædicti Ordinis Præceptorias pro recipiendis, & instruendis Nouitijs, dictum Ordinem profiteri, & Congregationi huiusmodi se se submittere cupientibus, & Communitatibus

ltatibus Religioforum profefforum alendis, defignare, & deftinare
offet. Ipféque ac finguli Religiofi dictæ Congregationis, omnibus
& fingulis Priuilegiis, Libertatibus, Immunitatibus, Exemptionibus, Indultis, Indulgentijs, Gratijs, & Fauoribus, tam fpiritualibus
quàm temporalibus, quibus Abbas & Canonici Præceptorias & Beneficia quæcunque obtinentes dicti Ordinis, necnon aliarum Con-
gregationum, tam mendicantium, quàm non mendicantium Regulares, de vfu, priuilegio, vel confuetudine, aut aliàs quomodolibet
vtuntur, fruuntur, potiuntur, & gaudent fimiliter, & pariformiter,
ac fine vlla prorfus differentia, & æquè principaliter. Dummodo tamen Concilij Tridentini huiufmodi Decretis, ac Conftitutionibus
Apoftolicis, necnon eiufdem Congregationis Regularibus Inftitutis minimè aduerfarentur, nec eatenus forent reuocata, aut fub aliqua reuocatione comprehenfa, vti, frui, potiri, & gaudere poffent,
& valerent: ac modernus & pro tempore exiftens Abbas Generalis
præfatus, Præceptoriarum Ecclefiarum, Locorum, Canonicalium
portionum, Capellaniarum, & Beneficiorum, vt præfertur, fuppref-
forum fructus, & bona alijs Præceptorijs pro Nouicijs recipiendis,
Seminarijs, & Communitatibus profefforum alendis pro tempore
deftinandis arbitrio fuo toties quoties opus foret, feu illorum partem prout fuaderet neceffitas, aut vtilitas ad tempus, vel perpetuò,
(de confilio tamen Capituli generalis) appropriare poffet, fimiliter
concederet, & indulgeret. Et ne de cætero præfato Abbate Generali cedente, vel decedente, aut à dictæ Congregationis Inftitutis
recedente, nullus nifi ex gremio prædictæ Congregationis in Abbatem dicti Monafterij Superiorem generalem Ordinis & Congregationis huiufmodi ab alijs eiufdem Congregationis Canonicis duntaxat, (omnibus aliis tunc exiftentibus Ordinis præfati Canonicis,
qui ipfi Congregationi fe fe non fubmitterent, quoad vocem paffiuam penitus exclufis) in Capitulo exprefsè conuocato, vel Generali
proximè futuro eligi valeret: Nec etiam Præceptorias, Parrochiales, & fine cura Ecclefias, ac Capellanias, & Beneficia, vt præfertur
fuppreffa, ad præfens obtinentes, in Romani Pontificis pro tempore
exiftentis, aut locorum Ordinariorum, vel cuiufuis alterius manibus,
illa in alicuius fauorem, etiam caufa permutationis, vel aliàs quomodolibet refignare poffent, diftrictius inhibuit: Necnon omnes collationes, prouifiones, aut quafuis alias difpofitiones in contrarium,
etiam à Sede præfata pro tempore faciendas nullius roboris, & momenti, ac effectus fore: Sed eo ipfo (fi tamen, & poftquam Reformatio prædicta fuum plenum effectum fortita fuerit) fuppreffionem,

E

extinctionem, applicationem, & appropriationem prædictas futum plenarium sortiri debere effectum decreuit. Postremò, quod deinceps perpetuis futuris temporibus omnia, & singula, Præceptoriæ, Parrochiales, & aliæ Ecclesiæ, Loca, Canonicales portiones, Officia claustralia, & alia Beneficia Ecclesiastica quomodolibet qualificata, vt præfertur, supprimenda, per personas capaces, & idoneas, ac ex gremio prædictæ Congregationis duntaxat, in illius Capitulo generali eligendas, ad triennium, vel vlterius, vt præfertur, si videretur, in spiritualibus,& temporalibus, regi, gubernari & administrari, eisque in diuinis deseruiri deberet, Ac prædicti Ordinis religiosi, qui Reformationem huiusmodi amplecti nollent, necnon omnia & singula, Præceptoriæ Ecclesiæ, Loca, Oratoria, Capellaniæ, Capellæ, Altaria, Confraternitates, & Societates sub inuocatione sancti Antonij erecta, & in posterum erigenda, sub Obedientia, Iurisdictione, & omnimoda Superioritate pro tempore existentis Abbatis Generalis Monasterij, Ordinis,& Congregationis præfatorum, in omnibus, & per omnia perinde ac si, Reformatio, & Congregatio huiusmodi introductæ non fuissent, suppressióque,& applicatio prædicta non emanassent, remanerent, & remansisse censerentur dicta auctoritate pariter perpetuò statueret, & ordinaret. Et insuper quod Præceptoriarum, Locorum claustralium, & aliorum Beneficiorum dicti Ordinis suppressio in illis duntaxat, quæ in Regno Franciæ consistunt, locum haberet. Quodque postquam Reformatio præfata sortiretur, seu sortita esset plenum effectum, tunc & non aliàs suppressioni præfatæ locus esset; Et quoad erectionem Nouiciatuum in dicta Congregatione: dummodo in huiusmodi erectione, fœlicis recordationis Sixti quinti, & aliarum Apostolicarum Constitutionum, necnon decretorum recolendæ memoriæ Clementis Octaui Romanorum Pontificum, prædecessorúmque nostrorum, Institutionúmque generalium super receptione & educatione Nouitiorum Apostolica auctoritate editarum forma omnino obseruaretur: Et quod Religiosi eiusdem Ordinis, qui se Reformationi præfatæ submittere nollent, votum actiuum tantum in generali Capitulo haberent, ad effectum eligendi vnum ex Reformatis duntaxat, auctoritate prædicta etiam decerneret, & alias, prout in ipsius Gregorij prædecessoris litteris desuper sub Dat. videlicet quintodecimo Kalendas Augusti, Pontificatus sui anno secundo, expeditis plenius contineri dicitur. Cum autem, sicut exhibita nobis nuper pro parte dicti Abbatis Generalis petitio continebat. Quod literæ prædictæ, propter diutinam dicti Archiepiscopi à Diœcesi sua absentiam, hactenus executioni demandatæ non fuerint. Nos qui dudum omnes vniones, annexiones, incorporationes, suppressiones, extinctiones, applicationes & dismembrationes etiam perpetuas de quibusvis Ecclesijs, Monasterijs Dignitatibus, Personatibus, Officijs, & Beneficijs Ecclesiasticis, eorúmve domibus, prædijs, & locis per cessum, vel decessum, aut quamvis aliam dimissionem, vel amissionem, qualiacunque forent inuicem, vel alijs Ecclesijs, Monasterijs, & Mensis etiam Capitularibus, Dignitatibus, Personatibus, Officiis, Beneficiis, ac piis, & aliis locis, Vniuersitatibus etiam studiorum generalium, & Collegiis etiam in fauorem venerabilium fratrum nostrorum Sanctæ Romanæ Ecclesiæ Cardinalium, seu Ecclesiis, Monasteriis & Beneficiis per eos obtentis quomodolibet Apostolica, vel alia quauis, non tamen Concilij Tridentini prædicti auctoritate, & pro fundatione, seu dotatione, augmenta, vel conseruatione Collegiorum, & aliorum piorum locorum ad fidei Catholicæ defensionem, & propagationem, bonarúmque artium cultum institutorum factas, quæ suum non essent sortitæ effectum. Ac quascunque concessiones, & mandata super vnionibus annexionibus, incorporationibus, & aliis præmissis taliter faciendis, reuocauimus, cassauimus, & irritauimus, nulliúsque decreuimus existere firmitatis, nec alicui quascunque clausulas, vel adiectiones, & decreta, quæ tunc pro expressis haberi voluimus, in quibusvis Apostolicis, etiam quæ motu proprio, aut ex certa scientia, & consistorialiter processerunt & emanarunt, litteris, etiamsi in eis decretum esset illa ex tunc effectum sortita esse, aut ius quæsitum fore, quomodolibet contenta, aduersus reuocationem & irritationem huiusmodi voluimus aliquatenus suffragari, ne propterea erectio, suppressio, applicatio, & alia per dictum Gregorium prædecessorem concessa in eisdem litteris, vt præfertur, nondum executioni mandatis contenta ex Constitutione, & Regula nostris huiusmodi cassa, irrita, & nullius roboris esse censeantur, dictus, Antonius Abbas cupiat prædictas dicti Gregorij prædecessoris litteras aduersus reuocationem, cassationem & irritationem nostras huiusmodi, aliaque præmissa reualidare. Quare pro parte eiusdem Antonij Abbatis nobis fuit humiliter supplicatum, quatenus in præmissis opportunè prouidere de benignitate Apostolica dignaremur. Nos igitur supplicationibus eiusdem Abbatis Generalis nobis desuper porrectis inclinati, litteras prædictas, quæ ex voto Congregationis tunc existentium eiusdem sanctæ Romanæ Ecclesiæ Cardinalium negotiis Regularium præpositorum emanarunt, ad hoc vt plenarium consequantur effectum, necnon erectionem, suppressionem, & applicationem huiufmodi cum omnibus, & fingulis Gratiis, Indultis, Facultatibus, Licentiis, Decretis, & Derogationibus in dicti litteris contentis aduerfus reuocationem, irritationem, & decretum huiufmodi in omnibus, & per omnia perinde ac fi à nobis quoad effectum fufpenfionum executionis litterarum Gregorij prædeceſſoris huiufmodi nunquam emanaſſent, illis aliàs in ſuo robore permanfuris Apoſtolica auctoritate prædicta perpetuo reualidamur, ac in priftinum, & eum, in quo ante reuocationem, caſſationem, & irritationem huiufmodi quomodolibet erant, etfi illæ ad effectum fufpenfionum huiufmodi non emanaſſent, eſſent, ftatum reftituimus, reponimus, & plenariè reintegramus. Et quia prædictus Archiepiſcopus Lugdunenſis in Romana Curia de præfenti commoratur, nec ſperatur illum (grauioribus hic in Curia detentum negotijs,) ad ſuam Diœcefim tam citò rediturum, fraternitati tuæ per Apoftolica ſcripta mandamus, quatenus fi, & poftquam litteræ prædictæ tibi pro parte dicti Abbatis Generalis præfentatæ fuerint, ad illarum executionem, etiam non obftante obitu dicti Gregorij prædeceſſoris, & forfan temporis ad illarum executionem præfixi lapſu feruata aliàs earum forma; dicta auctoritate procedas in omnibus, & per omnia perinde, ac fi ille tibi à principio, & non dicto Archiepiſcopo Lugdunenſi directæ fuiſſent. Non obftantibus decreto, & voluntate noftris Prædictis aliifque præmiſſis, ac in prouincialibus, Synodalibus, vniuerfalibúfque Conciliis editis, & edendis fpecialibus, vel generalibus Conftitutionibus, & Ordinationibus, omnibúfque illis, quæ dictus Gregorius prædeceſſor in eifdem litteris voluit non obftare, cæterífque contrariis quibufcunque. Datum Romæ apud fanctam Mariam Maiorem, Anno Incarnationis Dominice, Milleſimo, ſexcenteſimo, vigeſimo quarto, Idibus Iunij, Pontificatus noftri Anno primo.

Commiſſio Domini Archiepiſcopi Viennenſis, qua Poteſtas tribuitur conuonocandi coram ſe omnes Præceptores, & Religioſos dicti Ordinis, vt ſupra memoratarum Bullarum fulminationi adeſſe valeant. Menſ. Febr. Anni milleſimi ſexcenteſimi vigeſimi quinti.

POST quarum quidem litterarum præfentationem nobis factam, fuimus pro parte dicti Reuerendiſſimi Domini Abbatis debita cum inftantia requifiti, quatenus ſibi citationem legitimam ad partes, contra & aduerſus nonnullos Religioſos eiuſdem Ordinis Præceptores,

ceptores, Canonicos Claustrales, omnésque alios qui citandi & vocandi veniunt pro executione dictarum litterarum Apostolicarum in executione citationis huiusmodi nominandos. Iuxta & secundum formam dictarum litterarum Apostolicarum in forma solita & consueta decernere & concedere dignaremur.

Nos igitur Iudex & executor præfatus attendentes requisitionem huiusmodi fore iustam & consonam rationi, volentésque ad executionem dictarum litterarum Apostolicarum (dante Domino) vt tenemur, deuenire, idcirco Auctoritate Apostolica nobis commissa, & qua fungimur in hac parte, vos omnes, & singulos supradictos, & vestrum quemlibet in solidum, tenore presentium requirimus, & monemus primò, secundò, tertiò, & peremptoriè, vobísque nihilominus, & vestrum cuilibet in virtute Sanctæ obedientiæ, & sub excommunicationis pœna, quàm in vestrum quemlibet canonica monitione præmissa, si ea quæ vobis in hac parte committimus & mandamus, neglexeritis, seu distuleritis contumaciter adimplere, ferimus his scriptis, districtè præcipiendo mandantes prædictos Religiosos eiusdem Ordinis, Præceptores Canonicos Claustrales, omnésque alios, & singulos sua communiter, vel diuisim interesse putantes, & in executione præsentium nominandos in eorum proprijs personis, si ipsorum præsentias commodè habere poteritis, alioquin in hospitijs habitationum suarum, si ad ea vobis tutus pateat accessus, & in parrochiali Ecclesia, sub qua, vel quibus degunt & morantur, dum ibidem populi multitudo ad diuina audiendum conuenerit, aut alias legitimè congregata fuerit, ex parte nostra, imò verius Apostolica auctoritate alta & intelligibili voce peremptoriè citare curetis. Ita tamen quod verisimile sit citationem nostram huiusmodi ad ipsorum citandorum notitiam indubitatam deuenire: ne de præmissis, vel infrà scriptis ignorantiam aliquam ostendere valeant, seu etiam quomodolibet allegare. Quos nos etiam, & eorum quemlibet tenore presentium sic citamus, quatenus decima quinta die mensis Aprilis proximi, in Palatio nostro Archiepiscopali compareant legitimè coram nobis, infra quintum decimum diem Mensis Aprilis proximi, eos omnes & & singulos ad prædictam diem citetis, vt compareant sexta decima die, circa horam decimam matutinam, in dicto Palatio nostro Archiepiscopali, qua die, Deo iuuante, & cæteris sequentibus diebus procedemus ad dictarum Bullarum executionem per se, vel procuratorem, seu procuratores suum, vel suos, idoneum, vel idoneos, ad causam, & causas huiusmodi sufficienter instructum, seu instructos super omnibus, & singulis in præinsertis litteris Apostolicis contentis de

Iuftitia refponfuri, ac in caufa, & caufis huiufmodi ad omnes, & fin-
gulos actus, & terminos gradatim & fucceffiuè, etiam vfque ad diffi-
nitiuam fententiam inclufiuè, vt moris eft, Proceffum, & procedi vi-
furi, dicturi, facturi, allegaturi, audituri, & recepturi quicquid Iuftitia fuadebit, & ordo dictauerit rationis, Certificantes nihilominus fic
citatos, quod fiue in dicto citationis termino, vt præmiffum eft, com-
paruerint, fiue non. Nos nihilominus ad executionem dictarum literarum Apoftolicarum, prout iuftum fuerit, procedemus, (Iuftitia mediante) dictorum citatorum contumacia, fiue abfentia in aliquo non
obftante, Abfolutionémque omnium & fingulorum, qui præfatam
noftram excommunicationis fententiam incurrerint, fiue incurrerit
quoquomodo Nobis, vel Superiori noftro tantummodo referuamus.
In quorum omnium & fingulorum fidem has præfentes noftras exin-
de fieri, figillíque noftri, quo in talibus vtimur, iuffimus, & fecimus
appenfione muniri. Datum Viennæ, in Palatio noftro Archiepifco-
pali, vigefima fecunda Februarij, Anni millefimi fexcentefimi vigefimi quinti.

Sententia fulminationis dictarum Bullarum, à dicto Domino Archie-
pifcopo Viennenfi, die decima quinta Decemb. Anni millefimi
fexcentefimi vigefimi quinti.

Hieronymus de Villars, Dei, & Sanctæ Sedis Apoftolicæ gratia
Archiepifcopus, & Comes Viennenfis, Galliarum Primatum
Primas, à fecretis Regis Chriftianiffimi Confilijs Confiliarius, Iudex,
& executor, à Sanctiffimo Domino noftro Papa Vrbano VIII. fpe-
cialiter deputatus, Chrifti nomine inuocato, Deúmque folum præ
oculis habentes, & pro tribunali fedentes, per hanc noftram defini-
tiuam fententiam, quam vigore, & in execútionem litterarum Apoftolicarum foelicis recordationis Gregorij Papæ XV. & prælibati
Sanctiffimi Domini noftri Papæ Vrbani VIII. de quibus in actis, his
fcriptis, ferimus.

Inter Reuerendiffimum Patrem Antonium Brunel de Gramont,
Abbatem S. Antonij de S. Antonio Viennenfi, Generalem totius
Ordinis agentem ex vna.

Et Reuerendos Fratres, Iacobum Hauue, Vice-Priorem in Monafterio S. Antonij Viennenfis; Francifcum Goujon, Majorem Sacri-
ftam dicti Monafterij; Bartholomæum Ambert, Capifcolum eiufdem
Monafterij, Pafchafiú Laugier, Michaëlem Feré, Marcum Abellart,
Carolum, & Petrum Vignon, Ludouicum du Port, Ioannem du

Mans, Petrum Croiſer, Ioannem Chaſtain, Alexandrum Thomé, Ioannem Chabert, Gilbertum de Fougeroles, Simonem de Bonneſoy, Ludouicum Maſſe, Ludouicum de la Roche, Antonium de la Gerarde, Antonium Guillaumeau, Philippum Aſtruct, Ludouicum Gay, Carolum Millet, Mauricium Giri, Claudium Coquillart, Laurentium Aſtruct, Nicolaum Ianot, Ioannem du Peron, Ioannem Antonium Putod, Laurentium Chambige, Franciſcū des Haſtés, Ioannem Gaſcon, Nicolaum Pariſi, omnes Præceptores generales, aut inferiores dicti Ordinis; Pleroſque Canonicos clauſtrales ipſius Monaſterij, nonnullos Priores, & alios Rectores Prioratuum, & Capellaniarum, ipſorum Ordinis, & Monaſterij. Venerabiles item Fratres Auguſtinum de Grangieres, Paulum Villate, Ioannē Gardon, Amabilem de Santignat, Ludouicum, & Ioannem Baptiſtam Bernard, Lucam du Mas, Stephanum de Boulieu, Stephanum Goit, Alexim Rauachol, Petrum Marbaud, Antonium Peſtol, Antonium de la Foreſts, Fabianum de Laſtic, Paulum Tiſſot, Hilarium Guiard, Franciſcum Roſſeau, Ludouicum de Charanci, Auguſtinum Mariam Chalumeau, Ioannem Baptiſtam Chaboud, Ioannem Iacobum Gaubert, Franciſcum Veiret, Marcum Coruezi, Claudium Allard, Matthæū Lampereur, Ioannem Petrum Barborier, Franciſcum Louera, Carolum de S. Vincent, Petrum Daſſenois, Bartholomæum Razet, Bartholomæum Giraud, Franciſcum de Boiſſieu, Michaëlem de la Motte, Ioannem du Puy, omnes Religioſos dicti Ordinis : Plurimos Canonicos Clauſtrales Monaſterij ipſius, necnon Capitulum ipſum, Societatémque Reformatorum ; Nobilem Ioānem de Buffeuant, Procuratorem, & Scindicum Delphinatus, præſentatos, & conſentientes : Reuerendos etiam Fratres, Ioannem Girard, Nicolaum Maillet, Michaëlem du Port, & Stephanum Pogolot, Ioannem Botis, Cunimum Guillemin, Præceptores dicti Ordinis : aliquos etiam Canonicos Clauſtrales Monaſterij prædicti non comparentes, & contumaces : Et tandem Reuerendos Fratres, Ioſephum Dota, Præceptorem Camberiaci, & Girardum Carrat, Priorem in Roianis ; Ioannem Beché, Præceptorem de Plantades, Petrum de Murinais, Matthæum de Barjac, Ludouicum Gallis, opponentes ex altera.

Visis per nos pro parte dicti Reuerendiſſimi Abbatis deliberatione, & Statutis Capituli generalis dicti Ordinis, & Monaſterij, ſuper reformatione ipſorum, reſtitutione, & obſeruantia Regulæ B. Auguſtini, octo articulis contentis, de die 14. Maij anni 1616. ſignatis Piedmont: Litteris patentibus Regis noſtri Chriſtianiſſimi, in confirmationem dictorum Statutorum, & deliberationis ; Datis Pariſijs,

Menfe Ianuario, anno 1619. fignatis Brulard, cum figillo Regio: Litteris etiã Regijs Magni Confilij fuæ Majeftatis Chriftianiffimæ conceffis ad executionem prædictarum, datis 14. Septembris anni 1621. Arrefto dicti Magni Confilij pro reintegratione, & emologatione ipfarum: Breui Apoftolico Sanctiffimi D. Gregorij X V. ipfa ftatuta probante, & receptionem Nouiciorum in eo Ordine, & Monafterio, aut certè profeffionem eorum prohibente, qui reformationem ipfam amplecti noluerint, de die 2. Aprilis, anno prædicto 1621. Litteris alijs Regis noftri Chriftianiffimi ipfum probantibus, & confirmantibus, 14. Martij 1623. fubfignatis de la Font: Alia deliberatione dicti Capituli generalis, de die 30. Maij, qua ipfum Capitulum lites motas nomine fuo (vt moras ipfi reformationi afferret, & iniiceret, qui nomen Scindici ipfius Capituli vfurpabat) improbat, fignata P. Laugerius, & Piemont: Bulla dictæ fuæ Sanctitatis, in probationem, confirmationem, & executionem omnimodam dictorum Statutorum, & Reformationis, data Romæ apud Sanctam Mariam Maiorem 15. Calend. Augufti, anni 1622. cum plumbeo figillo, litterifque Regis noftri Chriftianiffimi ad probationem, & executionem dictæ Bullæ, fignatis Brulard, 27. Februarij 1623. Arrefto etiam eiufdem Magni Confilij ipfas litteras emologante, & regiftris inferi iubente: Quod factum fuiffe teftatur Marineau, fexto Aprilis anno prædicto: Altera Bulla Sanctiffimi Domini noftri Vrbani Papæ VIII. pro executione præcedentis, ac fi dictus Sanctiffimus Gregorius Papa X V. dies fuos non claufiffet, quam executionem D. Summus Pontifex nobis demandauit, Idibus Iunij 1624. ritè plumbo figillata: Proceffu noftro fuper dicta executione menfe Aprili, vltimo elapfo, facto, confenfum Capituli, Religioforúmque plurimorum, & Societatis ipfius Reformatorum in dicto Monafterio iam erectæ, necnon impedimenta, & oppofitiones nonnullorum continente, cum comparitionibus, aut procuratorijs ipforum: Noftra Sententia, qua partes ad dictos iudices Magni Confilij tranfmiffæ funt 21. menfis prædicti: Duobus Arreftis ipfius Confilii 22. Septembris, & 13. Octobris, quibus vlterius progredi poffe iudicatum extitit, partéfque ad nos veniffe reperiuntur: Continuatione, & fequela dicti proceffus noftri, in qua noui repetiti confenfus reperiuntur, necnon citationes Religioforum contumacium, & Procuratorum cæterorum cum caufæ conclufione, affignationéque ad audiendam Sententiam, cum nihil ex aduerfo productum fit.

Dicimus igitur & pronunciamus, dictos Venerabiles Fratres Girard, Boris, Maillet, Michaëlem du Port & Pogolot, veros contumaces-

Procuratores etia[m] eorum qui co[m]parauerunt vocatos iudiciis non
[veni]sse, ac dictas litteras Apostolicas exequentes sententiamus, &
Apostolica authoritate, qua fungimur in hac parte, & ex consensibus
exterorum, & Procuratoris, Scindicique generalis huius prouinciæ,
sub reseruationibus in eis contentis, quas ipsis saluas ordinamus:
Erigimus, & instituimus nouam Congregationem communitatis
Reformatæ sancti Antonij nuncupandam, in qua sancti Augustini
Canonicorum Regularium Regula penitus adimpleri, custodiri, &
obseruari, tam per Religiosos, quàm per pro tempore existentem
Abbatem dicti Monasterij, perpetuum, & futurum generalem
totius Ordinis, & Congregationis huiuscemodi, ad illius vitam &
per personas ab eo deputandas, nec non iuxta statuta & stabilimenta ab eo condenda, & per Capitulum generale dictæ Congregationis seu personas ab eo deputandas examinanda & approbanda: regi & gubernari debeat: Cuius Abbas, & Superior generalis
dictus Reuerendissimus D. Pater Antonius Abbas, quoad vixerit,
existat. Qua Congregatione sic erecta, & instituta, titulus beneficij
Ecclesiastici conferri seu commendari non possit, scilicet Abbatiam,
omnes Præceptorias, cum omnibus earum Domibus, membris annexis, & dependentijs vbicunque existentibus, nec non omnia
Officia Clauftralia, Loca, Canonicales Portiones, Parrochiales, &
sine cura Ecclesias, Capellas, Rectorias, aliaque Beneficia Ecclesiastica, quomodolibet qualificata, & nuncupata dicti Ordinis,
in præfato Regno Franciæ duntaxat consistentia, ex nunc (de ea obtinentium consensu, vel cùm primùm illa per ipsorum obtinentium
cessum, vel decessum, seu quamuis aliam dimissionem etiam apud
Sedem Apostolicam, seu in aliquo ex mensibus, in quibus Beneficiorum Ecclesiasticorum dispositio Summo Pontifici, & Apostolicæ Sedi per Constitutiones Apostolicas, aut Cancellariæ Apostolicæ Regulas editas & edendas, seu alia quomodolibet reseruata
est, vel pro tempore fuerit, aut locorum Ordinariis, seu aliis Collatoribus per eisdem vel alias Constitutiones Apostolicas, seu dictæ
Cancellariæ Regulas, similiter editas, & edendas, seu litteras alternatiuarum, aut quæuis alia priuilegia, & indulta, hactenus concessa competit, seu pro tempore competierit, vacare contigerit; etiamsi actu
vel alias quouis modo, & si ex illo quæuis vniuersalis reseruatio,
etiam in corpore iuris clausa resultet, præsentibus habeantur pro
expressis, & ex quorumcunque personis vacent, etiamsi tanto tempore vacauerint, quòd eorum Collatio (iuxta Lateranensis statuta
Concilij) ad Sedem prædictam legitimè deuoluta sit, & Præceptoriæ,

Officia, Loca, Canonicales portiones, Parrochiales, & sine cura
Ecclesiæ Capellæ, Rectoriæ, aliaque Beneficia prædicta dispositioni
Apostolicæ specialiter, vel generaliter reseruata existant: Et si propterea inter aliquos lis, cuius status etiam præsentibus habeatur pro
expresso pendeat indecisa) illorúmque nomina, titulos & denominationes auctoritate Apostolica prædicta etiam perpetuò supprimimus, & extinguimus: ita tamen vt suppressio, & extinctio huiusmodi tunc locum habeant, & si postquam reformatio prædicta
suum sortiatur effectum, seu sortita fuerit, & non alias. Necnon Præceptoriarum, Officiorum, Locorum, Canonicalium portionum,
Parrochialium, & sine cura Ecclesiarum, Capellarum, Rectoriarum,
& Beneficiorum sic suppressorum, & extinctorum, huiusmodi, dictíque Monasterij, & ei annexorum, Bona, proprietates, census, fructus,
reditus, prouentus, iura, obuentiones, & emolumenta quæcunque,
ex nunc, prout ex tunc, & è contra ipsi Congregationi: (ita quod
liceat dicti Monasterij Abbati, Superiori Generali pro tempore
existenti, & Capitulo Congregationis huiusmodi corporalem,
realem, & actualem illorum omnium possessionem per se, vel alium,
seu vel alios eorum nomine propria auctoritate apprehendere, & apprehensam perpetuò retinere, fructus quoque reditus, prouentus,
iura, obuentiones, & emolumenta huiusmodi, percipere, exigere,
leuare, recuperare, locaréque, ac supportatis hospitalitatis, & aliis
oneribus debitis, & consuetis, in suos communes vsus, & necessitates
conuertere; Diocesani loci, vel cuiuscunque alterius licentia desuper minimè requisita) dicta Apostolica Authoritate similiter perpetuò applicamus, & appropriamus. Ac dicti Monasterij pro tempore existenti Abbati Superiori Generali, vt pro fœlici & prospera
dictæ Congregationis illiúsque bonorum, rerum, & personarum
directione, & onerum supportatione: necnon cæteris rebus in præmissis, & circa ea quomodolibet necessariis, quæcunque statuta, ordinationes, & decreta, licita tamen, & honesta, ac sacris Canonibus,
& Concilij Tridentini Decretis, directæque Regulæ sancti Augustini minimè contraria, & à Capitulo generali examinanda, necnon à Sede prædicta Apostolica approbanda, edere & condere, &
edita, & condita pro rerum, & temporum varietate, & qualitate, ac
quoties opportunum videbitur (præuia tamen examinatione, & approbatione huiusmodi) immutare, limitare, corrigere, & interpretari,
ac in meliorem formam redigere, seu alia ex integro facere liberè, &
licitè valeat: Quæ postquam sic condita, & edita necnon à dicto Capitulo generali quolibet triennio celebrando, seu personis ab eo vt

...mus, de quibus huiusmodi examinata, & vt praefertur appro-
...tuerint, ...dos ad quos pro tempore spectabit, sub pœnis in
contrauentionis appositis, inuiolabiliter obseruari debeant, necnon
eidem D. Abbati Superiori Generali pro tempore existenti, vt ex
nunc, & quandocunque ei bené visum fuerit, aliquas pro Seminariis,
in quibus Religiosi professi dicti Ordinis litterarum studiis (iuxta prae-
scripta à praefato Abbate Superiore Generali pro tempore existente
emananda) vacare debeant: Nec non alias praedicti Ordinis Praeceptorias pro recipiendis, & instruendis Nouiciis dictum Ordinem
profitentibus, & Congregationi huiusmodi sese submittere cupiéti-
bus, & communitatibus Religiosorum professorũ alendis (dummodo
in ipsa designatione, & destinatione Praeceptoriarũ, ad recipiendos &
instruendos Nouicios, sine Nouiciatuũ institutione, fœlicis Recordationis Sixti Papae V. & Clementis Papae VIII. & aliarum Constitutionum & Decretorum Apostolicorum, Institutionũmque generalium,
super receptione, & educatione Nouitiorum, Apostolica authoritate editarum, forma omnino obseruetur,) designare & destinare
possit. Ipséque, & singuli Religiosi dictae Congregationis omnibus
& singulis priuilegiis, libertatibus, immunitatibus, exemptionibus,
indultis, indulgentiísque, gratiis & fauoribus, tam spiritualibus,
quàm temporalibus, quibus Abbas, & Canonici Praeceptorias, & Beneficia quaecumque obtinentes dicti Ordinis, necnon aliarum Con-
gregationum, tam medicantium, quàm non medicantium Regulares, de iure, vsu, priuilegio, vel consuetudine, aut alias quomodolibet vtuntur, fruuntur, potiuntur, & gaudent similiter, & pariformiter, ac sine vlla prorsus differentia, & aequè principaliter; (dummodo tamen eiusdem sacri Concilij Decretis, & Constitutionibus
Apostolicis, necnon dictae Congregationis regularibus institutis
minimé aduersentur, nec hactenus fuerint reuocata, ac sub aliqua reuocatione comprehensa,) vti frui potiri, & gaudere possint, & valeant: vtique dictus Reuerendus Dominus Antonius Abbas modernus, & pro tempore existens Abbas Superior Generalis, prae-
fatarum Praeceptoriarum Ecclesiarum, Locorum, Canonicalium
Portionum, Capellaniarum, & Beneficiorum, vt praefertur, suppressorum fructus, & bona aliis Praeceptoriis pro Nouiciis recipiendis, Seminariis & Communitatibus Professorum alendis, pro tempore destinandis, arbitrio suo toties quoties opus fuerit, seu illorum
partem, prout suaserit necessitas, seu vtilitas ad tempus vel perpetuò;
de consilio tamen praefati Capituli generalis, (appropriare queat, authoritate Apostolica praedicta cõcedimus, & indulgemus; & ne de cę-

tero pro tempore Abbate Superiore Generali huiufmodi cedente, vel decedēte aut à dictæ Congregationis inftitutis recedēte, alius, nifi ex gremio prædictæ Cōgregationis in Abbatē dicti Monafterij, Superiorē Generalem Ordinis, & Congregationis huiufmodi, ab aliis eiufdē Congregationis, Canonicis duntaxat (omnibus aliis tunc exiftentibus Ordinis prædicti Canonicis, qui ipfi Congregationi fefe non fubmiferint, quoad vocem paffiuam penitus exclufis) in Capitulo exprefsè conuocato, vel generali proximè futuro eligi queat. Ne etiam Præceceptorias, Parrochiales, & fine cura Ecclefias, & Capellanias & Beneficia præfata ad præfens obtinentes in Summi Pontificis pro tempore exiftentis, aut locorum Ordinariorum, vel cuiufuis alterius manibus, illa in alicuius fauorem etiam caufa permutationis, vel alias quomodolibet refignare poffint, diftrictius eadem Apoftolica auctoritate inhibemus. Necnon omnes collationes, prouifiones, & quafuis alias difpofitiones in contrarium, etiam à Sede Apoftolica pro tempore faciendas, nullius roboris, & momenti, & effectus fore. Sed eo ipfo (fi & poftquam reformatio prædicta fuum effectum fortita fuerit) fuppreffionem, & extinctionem, & applicationem, & appropriationem præfatas, fuum plenarium effectum fortiri debere eadem auctoritate decernimus. Poftremò, quod deinceps perpetuis futuris temporibus omnia & fingula, Præceptoriæ, parrochiales, & aliæ Ecclefiæ, Loca Canonicales, portiones, officia clauftralia, & alia Beneficia Ecclefiaftica quomodolibet qualificata, per nos eadem auctoritate fuppreifa, per perfonas capaces, & idoneas, ac ex gremio præfatæ Congregationis dumtaxat, in illius Capitulo generali eligendas, ad triennium, vel vlterius, fi videbitur in fpiritualibus, & temporalibus regi, gubernari, & adminiftrari, eifque in diuinis deferuiri debeant; & prædicti Ordinis Religiofi, qui reformationem huiufmodi amplecti noluerint, necnon omnia & fingula, Præceptoriæ, Ecclefiæ, Loca, Oratoria, Capellaniæ, Altaria, Confraternitates, & Societates fub inuocatione fancti Antonij erecta, & in pofterum erigenda, fub obedientia, iurifdictione, & omnimoda fuperioritate, pro tempore exiftentis Abbatis Superioris generalis Monafterij, Ordinis, & Congregationis prædictorum, in omnibus, & per omnia (perinde ac fi reformatio, & congregatio huiufmodi introductæ non fuiffent, fuppreffio & applicato prædictæ non emanaffent) remaneant & remanfiffe cenfeantur, auctoritate Apoftolica prædicta, itidem perpetuò ftatuimus, & ordinamus. Ac dictas litteras Apoftolicas, ex eo quod in præmiffis intereffe habentes, ad illa vocati, caufæque propter quas illa fiant examinatæ, feu verificatæ non fuerint, aut ex

quo-

quocunque alio capite, & causa quantumuis iusta, legitima, & iu-
ridica de subreptionis, vel obreptionis, seu nullitatis vitio, aut in-
tentionis Sanctissimi D. nostri Papæ, vel quouis alio defectu notari, impugnari, retractari, vel inualidari, seu in ius vel in controuersiam reuocari, vel ad viam & terminos iuris reduci, vel aduersus
omne quodcumque iuris & gratiæ, vel facti remedium, impetrari,
seu concedi nullatenus vnquam posse, easque sub quibusuis similium, vel dissimilium gratiarum reuocationibus, suspensionibus, limitationibus, derogationibus, aut alijs contrarijs dispositionibus,
etiam per Summos Pontifices, Sedémque Apostolicam, sub quibuscunque verborum expressionibus, & formis, ac cum quibusuis clausulis, ac decretis in contrarium quomodolibet factis, minimè comprehendi, nec confundi: sed semper ab illis exceptas,
& quoties illæ emanabunt, toties in pristinum, & validissimum
statum restitutas, repositas, & plenariè reintegratas, ac de nouo
(etiam sub quacunque posteriori data, per dictam Congregationem quandocunque eligenda) concessas esse, & fore, suosque ple-
narios, & integros effectus sortiri, & obtinere, ac ab omnibus
ad quos nunc spectat, & pro tempore spectabit, firmiter & inuiolabiliter & inconcussè obseruari, & adimpleri : sicque per quoscunque iudices ordinarios, & delegatos quacunque auctoritate fungentes, etiam causarum palatij Apostolici Auditores, ac sanctæ
Romanæ Ecclesiæ Cardinales, etiam de latere Legatos & Vicelegatos, dictæque Sedis nuncios iudicari, & definiri debere; ac quicquid secus super his à quoquam quauis auctoritate scienter, vel
ignoranter contigerit attentari, irritum, & inane eadem auctoritate decernimus, non obstantibus omnibus quæ fœlicis recordationis Gregorius Papa XV. & prælibatus S. D. N. in dictis litteris Apostolicis non obstare volunt. Volumus autem iuxta dicti
fœlicis recordationis Gregorij Papæ XV. litteras, vt Religiosi
eiusdem Ordinis, qui reformationi præfatæ noluerint se submittere, vocem actiuam tantùm in dicto generali Capitulo habeant
ad effectum eligendi vnum ex reformatis dumtaxat : Pensiones
etiam librarum centum, vnicuique Venerabilium fratrum & Religiosorum in actis diei 12. mensis huius à Reuerendissimo Abbate
liberè, & gratiosè concessas, eisdem adiudicamus, sub qualitatibus,
& conditionibus ibidem contentis, easque extinctas esse, & fore
in omnibus, & singulis casibus, in quibus ipse Reuerendissimus Abbas extinctas eas esse voluit, & declarauit. Nos volumus, & decla-
ramus, & ita dicimus, pronunciamus, sententiamus, erigimus,

H.

instituimus, supprimimus, extinguimus, applicamus, appropriamus, concedimus, indulgemus, inhibemus, decernimus, statuimus, & ordinamus, iuxta formam dictarum litterarum Apostolicarum non solum, modo, & forma praemissis, sed etiam omni meliori modo quo valere poterit, valeat ad Dei gloriam. Datum Viennæ, apud Sanctum Mauricium, die 15. Decembris, anno 1625. in quorum fidem hanc præscriptam sententiam manu propria subsignauimus, & sigillo Cameræ nostræ, & chirographo Secretarij nostri muniri iussimus. Hieronymus Archiepiscopus Viennensis.

SENTENTIA supradicta fuit lecta, & publicata coram nobis Hieronymo de Villars Archiepiscopo, & Commissario prędicto in præsentia præfati Reuerendissimi Domini Antonij Brunel de Gramont, Abbatis Generalis totius prædicti Ordinis sancti Antonij, & Domini Ennemundi Marchier, Aduocati, & Magistri Ludouici Gargat Procuratoris dicti Domini Abbatis, qui acquieuit: & in præsentia Magistri Guigonis Charuet Procuratoris Egregij Domini Scindici omnium Ordinum huius Prouinciæ Delphinalis: Venerabilium Fratrum Iacobi Hauue, Præceptoris de Monferrant, & Supperioris prædicti Monasterij; Caroli Vignon, Operarij eiusdem; Ludouici Gay, Præceptoris de Foligni; Simonis de Bonnefoy, Præceptoris de Lestars; Gilberti de Fougeroles, Præceptoris S. Antonij Montispessulani; Augustini de Grangieres, Superioris domus S. Antonij Parisiensis; Ioannis Chatain, Præceptoris Massiliæ; & Matthæi Lempereur, Religiosorum eiusdem Ordinis: Qui dictam ordinationem, & sententiam laudauerunt, & ratam habere voluerunt. Actum in Palatio nostro Archiepiscopali, die Lunæ 15. mensis Decembris, Anno Domini 1625. præsentibus ibidem Domino Antonio Rossant Presbytero, & Carolo Roche clerico Viennæ, testibus vòcatis, & rogatis. MOREL. Secr.

EODEM die, & Anno prædicta sententia fuit pronunciata & significata Magistro Ioanni Bayet, Procuratori Fratris Iosephi Dotta, Præceptoris Chamberiaci & aliorum Religiosorum prædicti Ordinis, vnà cum dicto Dotta opponentium; Qui de nullitate protestatus est: & dixit deposuisse nunc munus sibi in hac parte demandatum, séque functum esse officio suo Præsentibus ibidem Carolo Roche, & Petro Fabri clericis Viennæ, testibus astantibus. MOREL.

SIMILITER eodem die, & anno prædicta sententia fuit lecta, & significata Magistro Dionysio Bergier, in cuius persona & domo plurimi Religiosi eiusdem Ordinis elegerunt domicilium, qui protestatus est, quòd eius præsentia nullum præiudicium sibi nec alijs facere poſſit. Actum fuit in ſua domo præſentibus prædictis Roche, & Fabri, teſtibus aſtantibus.

Anno & die quibus ſupra, præfata ſententia ſignificata & lecta fuit Magiſtro Sebaſtiano Allard, & D. Carolo Picheri, in quorum domibus, & perſonis plurimi Religioſi dicti Ordinis elegerunt domicilium, qui nihil dixerunt. Acta in eorum domibus, præſentibus quibus ſuprà.

Extractum à ſuo Originali collatione facta per Secretarium Archiepiſcopalem Viennæ recipientem. MOREL.

De l'Imprimerie de GVILLAVME SASSIER, ruë des Cordiers, proche Sorbonne, aux deux Tourterelles.
M. DC. XLIV.